Roof Gardens
Jardins Suspendus
Daktuinen

TECTUM

Roof Gardens Jardins

Suspendus Daktuinen

© 2005 Tectum Publishers
Godefriduskaai 22, box 61
2000 Antwerp, Belgium
www.tectum.be
info@tectum.be
+ 32 3 226 66 73

ISBN: 90-76886-14-8
WD: 2005/9021/1
(15)

Printed by Anman Gràfiques del Vallès, Sabadell, España

The roof garden, product of a changing society

After the industrial revolution in the 19th century, a large proportion of the population lived in towns and cities. The better-off among them were able to afford a place in the country too. During the economic revival seen in the decades after the Second World War, this green belt became the permanent home for a great many high-earning citizens. Mobility was not a problem at that time. Commuting back and forth to the city centre by car every day was simply a matter of course.

At present, the movement is more in the opposite direction. As a result of the increasing scarcity of space in the countryside, gridlocked roads in the conurbations and improved living conditions in the city centres, people are choosing to move back there. The wealthier among them want to enjoy the available space to the full. The logical consequence of this is a great interest in roof terraces and proper roof gardens.

Even when a building is structurally suited, there is still the matter of aesthetics. A green cap on top of several storeys may appear extremely unnatural when seen from the street. Urban architecture will therefore increasingly tend to include the possibility of a roof garden in its designs and cease to see it as little more than green ornamentation.

Le jardin sur le toit résulte d'une évolution de la société

Après la révolution industrielle du dix-neuvième siècle les villes étaient surpeuplées. Ceux qui pouvaient ce le permettre avaient une seconde résidence dans la campagne. Mais pendant la période de croissance économique de l'après-guerre, bon nombre de citoyens aisés s'installèrent dans un des nombreux lotissements que comptait cette ceinture verte. Le moyen de transport à leur portée, l'automobile, leur permettait de s'y installer et de faire le déplacement quotidien en direction du centre ville, sans l'inconvénient de perte de temps sur la route.

Actuellement on voit le mouvement inverse. La pénurie de terrains à bâtir, le nombre de files sur les voies de communication et l'amélioration de l'espace urbain fait que bon monde choisit de s'établir à nouveau en zone urbaine. Ceux d'entre eux qui veulent profiter au maximum de l'espace disponible, choisiront d'aménager des terrasses sur le toit ou d'y construire des véritables jardins.

Mais si les bâtiments en soi permettent de telles surcharges, vu du bas l'apparition d'une verdure exubérante au niveau des gouttières peut engendrer des problèmes d'esthétique. Ce sera donc aux architectes, promoteurs et maîtres d'ouvrages à intégrer ces jardins sur le toit dans le concept global et non de les voir comme embellissement postérieur.

Daktuin, het resultaat van een maatschappelijke evolutie

Na de industriële revolutie van de negentiende eeuw woonde een groot deel van de bevolking in de steden. Wie meer bemiddeld was, kon zich een buitenverblijf in de rand veroorloven. Tijdens de economische heropleving, die in de decennia na de tweede wereldoorlog volgde, werd die groene gordel de vaste woonplaats van heel wat goed verdienende burgers. Mobiliteit was toen geen probleem. Dagelijks heen en weer pendelen met de auto van en naar de stadskern werd zelfs vanzelfsprekend.

Nu tekent zich de omgekeerde beweging af. Door de schaarser wordende ruimte in het buitengebied, de dicht slibbende wegen binnen de agglomeratie en het verbeterde leefklimaat in de centra, kiezen de mensen terug om in de stad te wonen. Meer gegoeden willen maximaal van de beschikbare ruimte genieten. Aandacht voor dakterrassen en heuse daktuinen zijn daarvan het logische gevolg.

Maar als gebouwen er al bouwtechnisch voor geschikt zijn, stelt zich nog het probleem van de esthetiek. Een groene hoed bovenop een aantal bouwlagen kan van op de straat zeer onnatuurlijk overkomen. Stedelijke architectuur zal er daarom op gericht zijn om een daktuin mee in het concept te integreren en niet louter als groene opsmuk te beschouwen.

Peter Adams,
landscape architect, Avant Garden
architecte-paysagiste, Avant Garden
landschapsarchitect, Avant Garden

Contents | Table des

matières | Inhoudstafel

Living on the Roof

It's essential to have the opportunity to step outdoors for a while, to forget the bustle of the city and shift one's attention from work to the garden. Just a glimpse of greenery is sufficient to put us in a different mood. If we tend a plant or turn over the soil, we intensify our ties with this small outdoor space. Working with such natural elements as earth, water, plants and stones reminds us of a distant past when our ancestors lived amidst and in tune with nature. It is our way of maintaining these ties with life. In the garden, sheltered by a tree, behind a hedge or next to babbling water, we find repose.

If there's not enough space, why not plant the roof?
The combination of building and vegetation has always appealed to the imagination. The earliest known example of a terrace or roof garden is the 'hanging gardens of Babylon'. They have rightly remained indelibly stamped in the collective memory. The greenery was an integral part of a structure in the form of terraces. Trees and bushes grew on two levels above stepped arcades. Plants probably hung from the top level down to the one below. Although these gardens were inseparably linked to the city, their concept was lost. It was not until the twentieth century that they reappeared on the urban scene. Architects were looking for new forms of housing and structures to live or work in. In addition, they discovered the advantages of balconies and terraces. These small outdoor spaces were initially purely functional, being used to dry the washing or for storage. They later came to be used as a place to sit or as a lookout post over the street or city.

La vie sur le toit

Faire quelques pas dans un jardin et s'asseoir sur un banc est un bien essentiel. On en oublierait la ville avec sa cadence, ses remous et ses besognes. Rien que le contact avec la verdure nous change les idées. D'un autre côté travailler la terre, planter un arbre ou un bout de haie et se mettre les éléments comme l'eau ou la pierre à profit, renoue des liens avec la nature, celle qui était connue de nos ancêtres. C'est une façon active de prendre conscience de notre rôle écologique sur terre. Bien sûr l'un n'empêche pas l'autre. Rien de tel que de prendre du recul par rapport à son travail et de voir grandir et fleurir les essences diverses dans son espace clos.

Mais que faire quand l'espace se fait rare. Et pourquoi pas planter sur le toit. Déjà dans l'Antiquité cette forme d'aménagement faisait merveille. Qui n'a pas entendu parler des jardins suspendus de Babylone?

En ce temps-là la verdure faisait intégralement partie de la construction en terrasse. Au dessus des galeries, qui à chaque étage étaient superposées et retrait par rapport au niveau inférieure, comme des gradins, poussaient des arbres et autres végétaux. Probablement que des lianes pendaient également d'un étage à l'autre. Bien que ces jardins étaient liés à la ville, en tant que concept ils devraient disparaître. Il faudra attendre le vingtième siècle avant qu'ils fassent leur réapparition. Ce sont les architectes qui cherchaient des nouvelles formes d'habitations ou des structures pour aménager des locaux de travail et qui découvraient les avantages du balcon. Au début ces petits espaces extérieurs n'avaient qu'un rôle purement fonctionnel et servaient à y faire sécher le linge ou étaient employés comme remise. Plus tard ils seront aménagés comme terrasse. Mais ce n'est que quand la plante y fera son apparition que le balcon deviendra espace de vie et lieu de séjour.

Leven op het dak

Even naar buiten kunnen, de drukte van de stad vergeten en de aandacht van het werk naar de tuin verleggen is een essentieel goed. Alleen het oogcontact met het groen brengt ons al in een andere stemming. Gaan we een plant verzorgen of de grond bewerken, dan versterken we onze band met die kleine buitenruimte. Werken met de elementen aarde, water, planten, stenen, enz. herinnert ons aan een ver verleden waar onze voorouders in en met de natuur leefden. Het is onze manier om die band met het leven te onderhouden. In de tuin, onder de beschutting van een boom, achter een haag of naast het kabbelende water komen we tot rust.

Wanneer de ruimte ontbreekt, waarom dan niet op het dak planten. De combinatie van bouw en vegetatie heeft altijd tot de verbeelding gesproken. Het oudst bekende voorbeeld van terras- of daktuin zijn de hangende tuinen van Babylon. Met recht en rede bleven ze in het collectieve geheugen gegrift. Het groen maakte integraal deel uit van een structuur in terrasbouw. Boven zuilengaanderijen, die trapsgewijs boven elkaar stonden, groeiden er bomen en struiken op twee verschillende niveau's. Waarschijnlijk hingen er ook planten over van de bovenste laag tot het niveau daar onder.
Hoewel deze tuinen onlosmakelijk verbonden waren met de stad gingen ze als concept verloren. Het zou tot aan de twintigste eeuw duren eer ze terug in het stadsbeeld opdoken. Architecten gingen op zoek naar nieuwe woonvormen en structuren om in te leven of te werken. Daarbij ontdekten ze de voordelen van balkons en terrassen. Aanvankelijk hadden die kleine buitenruimtes louter een functionele rol en werden ze in hoofdzaak gebruikt om er was te drogen of gerief op te bergen. Later kwamen ze in gebruik als zitruimte of als uitkijk over de straat of de stad. Vanaf dat moment werden ze ook aangekleed. Wanneer er planten verschijnen is de balkon- of

From then on they were also decorated in various ways. When plants made their entry the balcony or terrace garden was born. It was in the decades after the Second World War that they really took off.

The use of the whole roof as a green area took the concept a step further. The roof garden remains part of the building, but is also an entity in itself. This sort of garden derives its extremely unusual nature from its very location, which is at considerable height and usually amongst buildings. That which at first sight seems to be a limitation is in fact a challenge to the designer. By making use of the demands made by the location and the possibility of growing plants in artificial substrates, the variety of roof gardens that take shape on the drawing board is almost endless. They range from austerely trimmed solid green masses in a stone setting through the most sumptuous growth reminiscent of a tropical garden, to a picturesque miniature landscape.

Green Roofs
The idea of covering gently sloping roofs with turfs comes from Germany

Cette évolution se fait surtout après la seconde guerre mondiale.
De là le pas vers l'emploi de la toiture dans son entièreté pour aménager un jardin est grand. Il faudra encore quelques décennies avant de voir régulièrement apparaître ce type de verdure en milieu urbain.

Ce jardin sur toiture fait partie de la construction, mais forme de par ses caractéristiques propres une entité bien à part. Les nouvelles techniques, permettant de planter dans un substrat, offre la possibilité de créer des formes les plus diverses. Certaines conceptions font penser au jardin tropicale, d'autres au contraire sont plus sobres et reprennent les lignes du modernisme, voir du minimalisme. Mais tout reste possible et on voit parfois des jardins de style pittoresque entre les hautes tours de l'administration.

La toiture verte
La couverture des toitures avec des plaques de gazon ou des mottes de bruyères fait partie des méthodes de construction traditionnelle dans le

terrastuin geboren. In de decennia na de tweede wereldoorlog braken ze definitief door.
Het gebruik van het hele dak als groene ruimte gaat nog een stap verder. De daktuin blijft wel deel uitmaken van het gebouw, maar vormt een geheel op zich. Door de inplanting zelf, meestal in de hoogte en de ligging tussen gebouwen krijgt deze tuin een heel aparte betekenis. Wat op het eerste gezicht een beperking lijkt vormt voor de ontwerper juist een uitdaging. Inspelend op de eisen die de plek stelt en gebruikmakend van de mogelijkheden om planten in een kunstmatig substraat te laten groeien ontstaan op de tekentafel de meest uiteenlopende vormen van daktuinen. Het gaat van sober geknipte massieven in een stenen kader over de meest weelderige plantengroei, die aan een tropische tuin doen denken tot een pittoresk miniatuurlandschap.

Groendaken
Uit Duitsland en Skandinavië komt het gebruik om licht hellende daken af te dekken met grasplaggen.
Door de uitloging van de voedende bestanddelen groeit deze vegetatie

and Scandinavia. The leaching out of the nutrients means this vegetation never grows rampantly, but since the grass is functional rather than aesthetic, this is of no importance. Its main functions are the protection of the roof covering, offsetting temperature changes, absorbing ambient sounds and retaining precipitation. This form of roof planting is also applied to flat roofs, but is not intended to be walked on. The thinness of the substrate layer, from five to maximum fifteen centimetres, means the choice is limited to grasses, succulents and some herbaceous plants. Although this extensive form of roof planting is very worthwhile, it will with few exceptions not form the basis of a garden in the usual sense of the word. However, its thin layer of vegetation offers other opportunities. It gives buildings a 'green skin' on their upper surface. The load, fifty to a hundred and fifty kilos per square metre, forms hardly any obstacle to the ideas generated by architects and property developers. If roof planting were in general use, the view of the city from flats and offices would change radically. A green patchwork would appear amidst the street blocks and high-rise buildings. The roof, together with parks, tree-lined roads and town gardens

thereby also contributes to the greenness of the city. In this way, the view of the production hall roof from the canteen or meeting room would change from monotonous grey to several shades of lively green. The sum of these green impressions means we experience something different from the classic image of the grey city. And people who sense their link with nature can only gain from it.

Roof Gardens

Trees, shrubs, climbers and hedges on a roof require thorough organisation. The soil structure of the garden must be suited to the height and size of the planted areas. In addition to the drainage layer, grass is happy with a substrate layer of no more than ten centimetres, small to medium shrubs need only thirty or forty centimetres, while for large trees the depth must be adapted to the root system, and may rise to a hundred centimetres or more.

Composition

This sort of intensive structure would not be a garden if people were not

---

nord de l'Europe. Par appauvrissement du sol cette végétation n'était jamais abondante, mais servait essentiellement à protéger l'étanchéité contre les intempéries. Actuellement ce type d'aménagement est surtout employé pour couvrir les toits plats. La fine couche de substrat (5 à 10 cm) est une protection efficace contre le bruit, les fortes chaleurs et les impacts des précipitations hivernales. En outre elle capte les eaux de pluies et les retient pendant un certain temps. Vu l'épaisseur minimale du substrat il n'est pas possible d'y créer des jardins proprement dit. Il s'agit plutôt d'une couverture verte, faite de graminées et de plantes grasses. La masse réduite de cinquante à cent cinquante kg par m² de cette construction extensive ne peut plus empêcher les architectes et maîtres d'ouvrages d'intégrer ce type de végétation dans leurs projets. A partir des appartements la ville offrirait ainsi une vue plus verte. Un coup d'œil d'une fenêtre de bureau sur les toitures vertes à tons divers serait autrement agréable que l'impression qu'offre l'ensemble des toits, souvent délaissés, actuellement.

Apercevoir de la verdure à maintes occasions donne l'impression de vivre dans un monde plus naturel et plus harmonieux. C'est un bien dont tout le monde profite.

Jardin sur dalle ou sur toiture

Planter des arbres, des groupes d'arbustes, des plantes grimpantes ou de haies nécessite une construction plus importante. Leurs racines réclament des volumes de substrat plus importants que la simple toiture verte. En effet, si le gazon se contente de dix cm, les plantes vivaces et arbustes bas requièrent trente à quarante cm, tandis que les arbres devront être plantés dans une couche fertile adaptée à l'importance de leurs racines. Cette dernière peut dépasser les cents centimètres.

Construction

Cette construction intensive ne serait pas un jardin si l'homme ne pouvait pas s'y promener, y rechercher l'ombre sous un arbre ou s'y apaiser

---

nooit weelderig uit. Het maakt niet uit, het gras is er niet omwille van de esthetiek maar om functionele redenen. Bescherming van de dakbedekking, opvangen van temperatuursverschillen, omgevingsgeluiden dempen en vasthouden van de neerslag zijn de belangrijkste. Deze vorm van dakbegroeiing wordt ook op platte daken aangelegd, maar is niet bedoeld als beloopbare oppervlakte. Door de dunne laag substraat, vijf tot maximum vijftien cm dik, blijft de plantenkeuze beperkt tot grassen, vetplanten en sommige kruidachtigen. Hoewel deze extensieve vorm van dakbeplan-ting bijzonder waardevol is, zal hij op enkele uitzonderingen na, niet als basis dienen voor een tuin in de klassieke zin van het woord. De dunne vegetatielaag biedt andere mogelijkheden. Gebouwen krijgen aan de bovenkant een 'groene huid'. De last, vijftig tot honderdvijftig kg per m², kan nauwelijks een hindernis betekenen voor de uitbouw van de ideeën van architecten en projectontwikkelaars. Vanuit appartementen en kantoorgebouwen zou het stadsbeeld, bij algemeen gebruik van dakbegroeiing, er heel anders uitzien. Tussen huizenblokken en torens ontstaat een groen lappendeken. Naast parken, lanen en stadstuinen draagt het dak op die manier ook bij tot de groene sfeer in de stad. Het uitzicht vanuit een

kantine of een vergaderzaal op het dak van de productieafdeling zou in dat beeld van eentonig grijs naar levendig groen in verschillende schakkeringen overgaan. De optelsom van deze groene indrukken leveren een andere belevingswereld op dan het klassieke beeld van de grijze stad. De mens die zich met de natuur verbonden weet wint erbij.

Daktuinen

Bomen, heestergroepen, klimplanten en hagen op een dak vragen om een intensieve opbouw. Het houdt in dat de opbouw aangepast is aan de hoogte en de omvang van de beplanting. Buiten de draineerlaag is gras al tevreden met een laagje substraat van tien cm, kleine tot middelhoge heesters hebben genoeg aan dertig tot veertig cm, maar voor grote bomen zal die vegetatielaag aangepast zijn aan de omvang van het wortelgestel en tot honderd cm dikte oplopen of nog meer.

Opbouw

Zo'n intensieve opbouw zou geen tuin zijn moest de mens er niet in kunnen rondlopen, verkoeling komen zoeken onder een boom of er de sfeer van

able to walk around in it, cool off under a tree or breathe in the flowery atmosphere. The whole layout of paths, terraces, beds and possible areas of water is of course only possible on a roof with sufficient load-bearing capacity. The added load, depending on the type of subsoil and the choice of plants, will be between 500 and 1500 kilos per square metre.

There are several types of roof garden system on the market. Generally speaking they all work in the same way. Although their composition may differ, essentially they all consist of three layers: waterproofing, water-regulating layer and substrate.

Waterproofing: this may be made of synthetic material or bituminous products. The membrane must however be proof against roots. There are international standards governing this. They lay down the tests the various sealing layers have to pass in order to be registered as root-resistant. An additional protective layer, such as a PE sheet, may in several cases be vital to prevent penetration by roots.

Water-regulation: This layer has two functions. On the one hand excess water will be drained off by the drainage system, mats, sheets or granulated

sur un banc prés d'un parterre fleuri. Tout ce cheminement, ces terrasses, ces plantations et ces pièces d'eau ne peuvent évidemment être réalisé qu'à partir d'une dalle à portée suffisante. Selon le type de construction la charge utile peut varier de cinq cents à mille cinq cents kg par m^2.

En gros tout type de système pour jardin sur toiture fonctionne de la même façon. Mis à part l'étanchéité on retrouve toujours trois couches superposées: le drainage, la réserve d'eau et le terreau ou substrat.

Etanchéité: De la matière synthétique ou à base de substances bitumineuses, toute membrane doit résister à la possible détérioration mécanique et chimique des racines. A cet effet il existe des normes internationales. Celles-ci déterminent les qualités auxquelles les différentes membranes doivent répondre. Dans certains cas une protection supplémentaire (membrane PE) sera exigée.

Drainage et réserve d'eau: Dans la plupart des systèmes actuels le drai-

bloemen komen opsnuiven. Heel de infrastructuur van paden, terrassen, plantvakken en eventueel waterpartijen kan uiteraard alleen op een dak dat voldoende draagkracht biedt. Naargelang het type ondergrond en de keuze van beplanting zal de overlast tussen de 500 en 1500 kg per m^2 liggen. Op de markt bestaan verschillende types daktuinsystemen. Grofweg functioneren ze allemaal op dezelfde manier. Hoewel de opbouw kan verschillen bestaan ze in essentie allemaal uit drie lagen: waterdichting, waterregulerende laag en substraat.

Waterdichting: Kan uit synthetisch materiaal of bitumineuze producten bestaan. Het membraan moet wel wortelbestendig zijn. Hiervoor bestaan internationale normen. Deze bepalen aan welke testen de verschillende afdichtingbanen moeten voldoen om als wortelvast erkent te worden. Een bijkomende beschermingslaag bovenop de waterdichting, bijvoorbeeld een PE-film, kan in een aantal gevallen noodzakelijk zijn om wortelindringing te voorkomen.

Waterregulering: Deze laag heeft een dubbele functie. Enerzijds zal het overtollige water via het draineringssysteem (matten, platen of granulaten)

materials. On the other the system retains a certain amount of water to supply the plants' water needs and to bridge short dry periods. These reserves may be stored in additional sheets or granulates or in cavities in the drainage system itself. Between the layers of this system are the filters that prevent the system or the drainage pipes from silting up.

Substrate layer: Whatever material it is made of, the substrate is an artificial environment in which roots can grow. Plants are thereby able to anchor themselves and will find the moisture and nourishment they need to survive. The composition of the substrate can vary greatly from one manufacturer to the next. But it will to some extent always contain moisture-absorbing substances and stable mineral granulates. The one retains water, while the other sees to it that the artificial subsoil does not settle.

The Role of the Garden on the Roof
Greenery on the roof has considerable advantages. The plants, substrate

and drainage layer protect the waterproofing from extreme weather conditions. There are much greater temperature differences on top of a building than at ground level and the sun, wind and precipitation have free rein.

Sun
UV rays not only affect colours but also have an effect on the substances themselves. One of the benefits of the layer of gravel that used to be laid on top of lengths of bituminous roof sealer was to protect it against the effects of the photons in sunlight. Succulents found a good source of nourishment amongst the gravel.

The increased chance for these plants to grow created a simple green roof. This roof greenery provides effective protection against the effects of UV rays and thereby increases the life-span of the roof membrane. The thicker its composition, the better the roof greenery is able to absorb changes of temperature. This also makes a considerable difference to the life-span of the waterproofing.

nage et le réservoir d'eau font un. En effet, d'un côté la construction (plaques, granulats ou tapis) se charge d'évacuer les eaux, alors qu'elle retient également l'humidité. Ceci afin d'empêcher un assèchement trop rapide. Selon, le système il s'agit de plaques résorbantes, de granulats ou de petites cavités entre deux assises. Celles-ci sont généralement séparées par des membranes filtrantes.

Terre arable ou substrat: Quelqu'en soit la composition, ce terreau ou substrat est artificiel. Les plantes peuvent y prendre racines, en retirer les minéraux nécessaires à leur croissance et y trouver l'humidité pour rester en vie. Un équilibre entre les composants organiques et minérals se charge de garder une humidité constante et de garantir une stabilité au niveau du sol.

Rôle de la toiture verte et du jardin sur toiture
Faire pousser de la végétation sur les toitures a plusieurs avantages.

Le système en soi est une protection efficace de l'étanchéité. En effet les différences de températures sont beaucoup plus grandes au niveau du toit, juste au dessus de la membrane, qu'au niveau du sol.

Soleil
Les rayons UV n'attaquent pas uniquement les couleurs mais détériorent également les matériaux en soi. Le gravier qui était posé jadis sur les membranes bitumineuses avait comme plus grande fonction de protéger cette étanchéité contre les impacts des photons, les composants de la lumière. Certaines plantes grasses y trouvaient un milieu idéal pour s'y développer. Le tout formait une protection simple mais efficace.
Plus complexe, la toiture verte ou le jardin sur toiture garantissent une plus grande protection. En effet la masse du système-même et le captage de l'énergie solaire par les plantes ont un pouvoir régulateur quant aux différences de températures juste au dessus de la membrane.

afgevoerd worden. Tegelijkertijd houdt het systeem ook een deel van het water vast. Dit om de waterbehoefte van planten in korte droogteperiodes op te vangen. Deze reserve kan in bijkomende platen, granulaten of in holtes van het drainagesysteem zelf opgeslagen blijven. Tussen de verschillende lagen in liggen de nodige filterdoeken die beletten dat het systeem zelf of de afvoerbuizen dichtslibben.

Substraatlaag: Uit welk materiaal het ook bestaat, het substraat is een kunstmatig milieu waarin wortels kunnen doorgroeien. Zo kunnen planten zich verankeren en vinden ze het nodige vocht en voedende bestanddelen om zich te handhaven. De samenstelling van het substraat kan erg variëren van de ene producent tot de andere. Toch zal het voor een deel altijd bestaan uit vocht absorberende stoffen en mineraal stabiele granulaten. Het één houdt water vast, terwijl het ander ervoor zorgt dat de kunstmatige ondergrond niet inklinkt.

Rol van de tuin op het dak
Dakbeplanting heeft belangrijke voordelen. Zo beschermen planten,

substraat en draineerlaag de waterdichting van het dak tegen extreme weersinvloeden. Boven op een gebouw heersen er veel grotere temperatuursverschillen dan net boven de grond en hebben zon, wind en neerslag er vrij spel.

Zon
UV - stralen tasten niet alleen kleuren aan maar werken ook op de stoffen zelf in. De grindlaag, die vroeger bovenop bitumineuze afdichtingsbanen gelegd werd, diende o.a. als bescherming tegen de aantasting door de fotonen van het zonlicht. Tussen het grind vonden vetplanten een goede voedingsbodem. Door de groeikansen van die beplanting te verhogen ontstond een eenvoudig groendak. Deze dakbeplanting is een efficiënte bescherming tegen de inwerking van UV-straling en verhoogt daardoor de levensduurte van de dakhuid. Hoe dikker de opbouw, hoe beter de dakbeplanting de temperatuursschommelingen kan opvangen. Ook dit draagt in belangrijke mate bij tot een langere levensduurte van de waterdichting.

Heat Insulation

The usefulness of the components of the roof garden is at its most obvious in the summer. The plants and moist substrate absorb the heat radiated by the sun and make the rooms under the roof cooler. If they are used systematically they can make significant savings in the cooling of living and office spaces.

Sound Insulation

Although the greenery itself has no mass, the substrate in which it grows certainly does. This creates extra insulation against annoying noise from outside, such as traffic, trains and aircraft.

Ecology

The roof garden plays hardly any role in the dispersal of native plants. Its most significant direct contribution to the environment is water retention. The whole structure acts like a sponge. When there is a heavy downpour or cloudburst it absorbs the precipitation and only releases it into the drains after a delay of several hours. The systematic use of green roofs in urban areas would spread the drainage of rainwater over a longer period and thus partly relieve the whole water drainage system of sewers, streams and rivers. A large part of this rainwater never actually reaches the drains. It evaporates and returns straight into the atmosphere or is absorbed by plants and returns to the air later by evapo-transpiration. In a large roof garden, up to 90% of the precipitation may in the summer thereby return directly into the rain-cycle.

Apart from all these advantages involving building physics, the value of a roof garden lies largely in the immediate relationship between the outdoor space and the living space. The enjoyment of minimalist greenery or a sumptuous garden from one's sitting room or living area is an irreplaceable experience. Having a view of the surrounding streets and neighbourhoods or the landscape of parks and tree-lined avenues from amongst the plants in one's outdoor terrace gives an unrestricted sense of freedom.

Isolation

C'est surtout en été que l'isolation de la toiture verte aura son effet. En captant l'énergie solaire le système se charge de garde la fraîcheur sous le toit.

Bruit

En soi la verdure n'a pas de masse, le substrat ou le terreau bien. Ceux-ci garantissent une plus grande isolation contre le bruit des vols d'avions, le passage de trains ou le trafic en général.

Ecologie

La toiture verte ne joue pas un rôle important dans la dispersion naturelle des plantes. C'est surtout le captage et la rétention des eaux de pluies qui sont important au niveau écologique. Le système est une véritable éponge. Au moment de pluies abondantes les eaux sont retenues pendant plusieurs heures et redistribuées peu à peu. Aménagement de jardins toitures à grande échelle aurait pour effet que la quantité de précipitation serait répandue sur une plus grande période et qu'un trop grand débit d'évacuation n'aurait plus lieu. Les problèmes, comme les inondations, qu'on connaît actuellement, seraient résolus de cette façon. En outre une grande partie des pluies n'est jamais évacuée, mais s'évapore directement ou se retrouve indirectement dans l'atmosphère par le système d'évapotranspiration des plantes. Pour une toiture verte cela peut aller jusqu'à 90% de la précipitation moyenne en été.

Certes les avantages techniques ne sont pas négligeable, mais le jardin sur toiture reste avant tout un espace extérieur étroitement lié à l'habitation. Pouvoir profiter d'une vue sur de la verdure ou quelques parterres est irremplaçable et détermine en grande partie la valeur de l'espace vécu quotidiennement. Observer la ville ou la campagne d'à partir de sa terrasse donne une impression de liberté inégalée.

Warmteïsolatie

Vooral in de zomer zal het nut van de daktuinopbouw voelbaar zijn. Planten en het vochtige substraat slorpen de warmtestraling van de zon op en zorgen voor koele ruimtes onder het dak. Een systematische toepassing zou een belangrijke besparing betekenen op koeling van woon- en kantoorruimtes.

Geluidsisolatie

Groen op zich heeft geen massa, het substraat waar het in groeit wel. Dit zorgt voor extra isolatie tegen storende geluiden uit de omgeving zoals verkeer, voorbij rijdende treinen of overvliegende vliegtuigen.

Ecologie

Voor de verspreiding van de inheemse beplanting heeft het groendak of de daktuin weinig betekenis. De belangrijkste rechtstreekse bijdrage van dakbegroeiing aan het milieu is de waterretentie. De hele opbouw werkt letterlijk als een spons. Bij hevige stortbuien of wolkbreuken vangt het de neerslag op en geeft het die met een vertraging van verschillende uren aan het rioleringsnet af. Systematische toepassing van groendaken in stedelijke gebieden zou de afvoer van het regenwater over een langere periode kunnen spreiden en zo het hele waterafvoersysteem van riolering, beken en rivieren voor een deel ontlasten. Bovendien wordt een groot deel van het hemelwater nooit afgevoerd. Het verdampt en komt rechtsstreeks terug in de atmosfeer of het wordt door planten opgenomen en komt door evapotranspiratie later terug in de lucht. Voor een extensieve daktuin kan in de zomerperiode tot 90% van de neerslag op die manier rechtstreeks terug in de kringloop belanden.

Buiten al deze bouwfysische voordelen schuilt de waarde van een daktuin hoofdzakelijk in de onmiddellijke relatie van de buitenruimte met het woongedeelte. Genieten van minimalistisch groen of een weelderige tuin vanuit zitruimte of living blijft een onvervangbare beleving. Vanop zijn terras buiten, tussen de planten, zicht hebben op de omliggende straten en wijken of het landschap van parken en lanen geeft een onbegrensd gevoel van vrijheid.

Jungle in the Bronx

Since it was renovated, this 1912 home in the heart of the city has looked utterly different. The garden rooms on the various floors enlarge the living areas and create a green world around the house. Right at the top, a pergola and typical town garden plants such as magnolias, Japanese maples, ornamental apples, climbing roses, box and hostas together define the atmosphere. One storey down, on the second floor, the trees and plants are those found in a wood: birch, pine and azalea, which create the illusion of unspoiled nature. At the same time they provide shade and a delightfully cool setting. On the ground floor the choice was for plants with abundant blooms, bushes and ornamental grasses.

Jungle dans le Bronx

Cette habitation de 1912, au centre de la métropole, fut transformée de fond en comble à la fin du siècle dernier. L'aménagement des espaces extérieurs clos, répartis sur plusieurs étages, lui donna un tout nouvel aspect et en augmenta nettement la partie habitable. Tout en haut ce sont les plantes typiques des jardins de ville comme les magnolias, les érables du Japon, Les pommiers, Les rosiers grimpants, les buis ou les hostas, ainsi que la pergola qui font tout le charme de ce jardinet. Un étage plus bas, au second, des arbres comme le bouleau ou le pin et des plantes de sous-bois comme l'azalée créent cette illusion de clairière à moitié ombragée. Au rez-de-chaussée l'accent est mis sur les fleurs, les buissons fleuris et les herbes décoratives.

Jungle in de Bronx

Sinds de renovatie ziet deze woning uit 1912 in hartje wereldstad er heel anders uit. De tuinkamers op de verschillende verdiepingen vergroten het woongedeelte en scheppen een groene wereld om het huis. Helemaal bovenaan maken typische planten uit de stadstuinen zoals magnolia's , japanse esdoorns, sierappelaars, klimrozelaars, buxus en hosta's samen met een pergola de sfeer uit. Eén verdiep lager, op het tweede, zijn het bomen en planten uit het bos: berk, den en azalea, die de illusie van een ongerepte natuur scheppen. Tegelijk zorgen ze voor schaduw en een heerlijke, koele omgeving. Op het gelijkvloers viel de keuze op bloeirijke planten, struiken en decoratieve grassen.

Trees and shade plants give the illusion of a woodland setting.

Les arbres et plantes d'ombre créent l'illusion de la clairière.

Bomen en schaduwplanten wekken de illusie van een bossfeer op.

On the ground floor is a garden for walking in.

Au rez-de-chaussée: un jardin pour s'y promener.

Op het gelijkvloers: een tuin om in te wandelen.

Welcome aboard!

The white walls and wooden floor are references to the ocean liners of yesteryear. The garden departs from this theme and with its mini-green in artificial grass expresses the contemporary user's wish to enjoy the outdoor space in every season. Seen this way, the plants have to be full and attractive all year round. Box, yucca, lavender, grasses and agave stay green throughout the seasons and can endure the extreme weather conditions of a terrace like this.

Bienvenue à bord!

Une végétation abondante ou à l'opposé des massifs taillés ont leur expression propre. Dans le cas de cet immeuble-paquebot les espaces extérieurs doivent impérativement s'inscrire dans ce cadre bien déterminé. Les planchers en bois et les murs blancs font allusion au pont de ce 'navire modèle'. Mais le jardin est tout le contraire. Ce mini green en gazon synthétique exprime la volonté de l'habitant de pouvoir jouir de son espace à tout moment voulu. Dans cette logique la lavande, le buis, le yucca et les différentes herbes gardent leur attrait toute l'année durante et résistent aux conditions climatiques extrêmes de cette terrasse très exposée.

Welkom aan boord!

Witte wanden en hout op de vloer verwijzen naar de oceaanvaarder van weleer. De tuin breekt met die sfeer en drukt met zijn mini green in kunstgras de wil van de hedendaagse gebruiker uit om in elk seizoen van de buitenruimte te kunnen genieten. In die visie moet de beplanting het hele jaar door mooi en aantrekkelijk blijven. Buxus, yucca, lavendel, grassen, agave lossen die verwachting in en verdragen de extreme weersomstandigheden op zo'n terras.

The green in the form of artificial grass can be played on all year round.

Le green en gazon synthétique reste accessible toute l'année.

De green in kunstgras blijft het hele jaar door bespeelbaar.

The agave feels good in this micro-climate with its considerable temperature differences.

L'Agave supporte bien les conditions de vie extrême sur cette terrasse fort exposée.

De Agave voelt zich goed in dit microklimaat met grote temperatuursverschillen.

Pure white

There is no hierarchy among the elements on the roof of this old shop building. It is founded on the vision of the architect-owner. The floor, walls, table and seats are all self-made. The choice was for white. The whole is more important than the sum of the elements. This gives the surroundings an increased significance. The old city, with its towers and multiple roofs, is an integral part of this roof terrace. Colour and variety are drawn from outside the owner's bounded space. Seen from here, there is a cornice-level landscape.

Blanc pur

Sur cette terrasse, toute blanche, en haut de cet ancien immeuble la hiérarchie entre les murs, le sol et le mobilier est inexistante. L'important c'est l'ensemble pur et blanc et non, bien que de conception de l'architecte-propriétaire, l'objet en soi. Suite à ce choix les alentours prennent une place importante dans cet aménagement. La vieille ville avec ses tours, ses toitures à formes et coloris variés, fait intégralement partie de la terrasse.

Puur wit

Boven op het dak van dit oude winkelpand bestaat er geen hiërarchie tussen de dingen. Aan de basis ligt de visie van de architect, tevens eigenaar. De vloer, de muren, de tafel, de zetels, alles is van eigen makelij. Wit is de keuze. Het geheel is belangrijker dan de optelsom van de dingen. Zo neemt het belang van de omgeving toe. De oude stad, met haar torens en veelvoud aan daken, maakt integraal deel uit van dit dakterras. Kleur en verscheidenheid komt van buiten de eigen afgebakende ruimte. Zo ontstaat vanuit dit pand een landschap op kroonlijst-niveau.

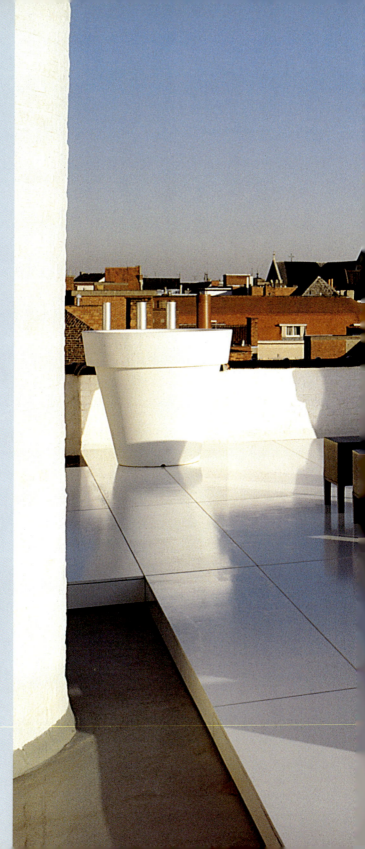

Loungers from the owner's design studio.

Chaise longue, création de l'auteur du projet.

Ligstoelen uit eigen ontwerpatelier.

A space for every hour of the day

On the east side, the first garden adjoins the bedroom. High hedges give this small outdoor space above the nineteenth-century city an intimate feel and keep in the warmth of the early morning sun. When the sun rises higher the walkway around the flat reveals its full significance. The atmosphere of the green city rises up amidst the roses, lavender and vervain. The tops of the trees and the lawns of the municipal park form part of this flat's garden. In the evening, the space on the west side, with its climbers and Mediterranean plants, is a spot from which to quietly watch as the city slips into the night.

Un jardin pour chaque heure

A l'est le premier jardin, adossé à la chambre à coucher, est bordé de haies. Si elles protègent du vent vif, elles se chargent en même temps de garder la première chaleur du matin entre ses murs de végétaux. Dans le courant de la journée, quand le soleil brille au dessus des cimes des arbres, le passage tout autour de l'appartement prend son sens véritable. Entre la rose, la lavande et la verveine c'est la ville verte qui se déploie et fait de ce petit jardin en hauteur le centre d'un parc paysagé. Le soir ce sont les plantes grimpantes et les essences méditerranéennes qui en font le clos qu'on recherche alors que la ville s'endort.

Een ruimte voor elk uur van de dag

In het oosten sluit een eerste tuin bij de slaapkamer aan. Hoge hagen geven een intimistisch karakter aan deze kleine buitenruimte boven de negentiende eeuwse stad en houden de warmte van de vroege ochtendzon binnen. Wanneer de zon verder klimt krijgt de loop rond het appartement zijn volledige betekenis. Tussen de rozen, de lavendel en de verbena komt de sfeer van de groene stad naar boven. De kruinen van de bomen en de gazons van het stadspark maken deel uit van deze appartementstuin. 's Avonds vormt de ruimte in het westen met klimplanten en mediterrane plantengroei een plek om in alle rust te zien hoe de stad de nacht in gaat.

Perennials reinforce the link with the park.

Les plantes vivaces renforcent le lien du jardin-toiture avec le parc.

Vaste planten versterken de link met het park.

A scene that sticks in your mind

From this terrace you have a picture of New York harbour, the Hudson estuary, New Jersey and the low-rise district of Manhattan. Talk to another guest about the changing views and light, and about the world that lies at your feet. But you can also choose to sit alone on a bench and let the spectacle roll over you. The plants bring repose. In this spot they defy extremes of weather, absorb the wind and make for a mild micro-climate. From this corner you may be more aware of details and be struck by the lines of the copper. It reinforces the frame formed by the terrace and underpins the line of the architecture.

Une scène qui ne lasse pas

Surplombant le port de New York, la baie de Hudson, New Jersey et la partie basse de Manhattan, de cette terrasse les images abondent. Elles sont au centre des discussions entre invités. Chaque changement de luminosité fait l'objet de remarques, mais c'est peut-être les vues fort différentes qui font toute la lumière sur ce monde en effervescence, qui se trouve à vos pieds. Toutefois, dans un coin un banc vous permet de laisser le spectacle pour ce qu'il est et de vous concentrer sur les plantes qui vous entourent. Elles supportent les intempéries les plus extrêmes, coupent le vent et créent un microclimat des plus agréable. Assis les détails comme la gouttière architecturale en cuivre vous frappent peut-être plus.

Een scène die je niet los laat

Dag en nacht krijg je vanuit dit terras beelden van de New-Yorkse haven, de Hudson baai, New Jersey of het lage deel van Manhattan. Met een andere genodigde praat je over de wisselende perspectieven, de veranderingen in lichtintensiteit of de wereld die aan je voeten ligt. Maar je kan je ook even op een bank afzonderen en het spektakel over je heen laten komen. Tussen de planten kom je tot rust. Zij trotseren hier extreme weersinvloeden, vangen wind op en zorgen voor een zacht microklimaat. Misschien heb je vanuit deze hoek meer oog voor detail en valt de lijnvoering van het koperwerk je op. Het versterkt het kader van het terras en ondersteunt de lijn van de architectuur.

Catching your breath amongst the plants.

Un moment de repos entre les plantes.

Tussen de planten even op adem komen.

South by East

The arrangement of this 'enclosed terrace garden' in the centre of the city was determined by the sun and the orientation of the building, though the quest for atmosphere meant that each space assumed a different character. Facing due south, the largest space always remains free for sunbathing. In the middle is a canopy under which one can eat quietly and agreeably at any time. In the eastern corner, where the owner displays objects from his travels, it is only in the evening that the sun penetrates as far as the cushioned bench.

Méridional et oriental

Lors de la conception chaque espace de cette terrasse reçut une orientation bien définie, tandis que la recherche d'ambiances particulières lui donna son caractère propre. Orienté vers le sud, la plus grande surface reste toujours libre. Sous un auvent au centre, une table permet de passer de longs moments ensemble à refaire le monde sans se soucier du temps, ni de l'heure. A l'est, dans le coin aménagé à l'orientale avec des objets collectionnés par le propriétaire, le soleil ne pénètre que tard dans la soirée et illumine ce petit espace aux couleurs de l'orient.

Zuiders en oosters

Zon en oriëntatie waren bepalend voor de indeling van deze 'besloten terrastuin' in het centrum van de stad, terwijl de zoektocht naar sfeer aan elke ruimte een verschillend karakter gaf. Pal in het zuiden blijft de grootste plek altijd beschikbaar voor zonnebaden. Centraal staat een luifel waaronder altijd rustig en aangenaam kan getafeld worden. In de oosterse hoek, waar de eigenaar objecten uit zijn reizen verzamelt, dringt de zon alleen s'avonds diep tot tegen de zitbank met kussens door.

Loungers and jacuzzi.

Chaises longues et jacuzzi.

Ligstoelen en jacuzzi.

A collection of objects from the Far East.

Collection d'objets de l'extrême orient.

Verzameling objecten uit het verre oosten.

Nothing but contrast

While the swimming pool is more reminiscent of a boat on the open sea, the garden, one floor down, is more like a clearing in the woods. The city is always present in the background, seen between the trees and shrubs. So, like an oasis, this patio is nothing more than a point in space where you can briefly catch your breath in the midst of the plants and enjoy the shade of the leafy roof in this sheltered spot. Above the swimming pool it's just the other way round. From this terrace all 360 degrees of the megapolis unfold in a single rush.

Un site à contrastes

Si la piscine représente le bateau sur l'océan, le jardin un étage plus bas est au contraire la petite clairière dans le bois. Entre les troncs ou les arbustes, la ville reste omniprésente à l'arrière plan. Ce patio n'est pas plus qu'un oasis, un petit lieu protégé ou l'on peut reprendre des forces à l'ombre sous les feuillages. Tout en haut, au dessus de la piscine, la situation est fortement différente. La vile s'y dévoile d'un coup dans toutes les directions à la fois.

Een site met contrasten

Terwijl het zwembad eerder verwijst naar een boot op de open zee, staat de tuin, een verdiep lager voor de beslotenheid van de open plek in het bos. Tussen de bomen of de heesters door is de stad steeds op de achtergrond aanwezig. Zoals een oase is deze patio daarom niets meer dan een puntje in de ruimte waar je temidden van de planten heel even op adem kan komen en in de luwte kan genieten van de schaduw van het bladerdak. Boven de zwemkom is het net andersom. Vanuit het terras ontvouwt de megapolis zich in één adem in 360° in het rond.

The pool is like a boat on a sea of roofs.

Comme un navire sur un océan de toitures.

Het zwembad is als een boot op een oceaan van daken.

Hole in one

Building a home with a terrace above an industrial building is certainly one way of using land twice. If the roof slab has sufficient load-bearing capacity one might even consider a garden with an undulating landscape. Taken one step further, this leads us to this partial golf course laid out on top of an industrial building. The high shrubs around the edges complete the illusion of a garden or park. But in addition to this, the structure above the roof-line may actually be used to emphasise the artificial nature of the landscape. The dry river, the straight areas of water bordered with stone and the trees and shrubs between the pebbled surfaces are unmistakable signs of man.

Hole in one

La construction d'habitations, voir de bureaux et de toitures-terrasses sur les sites industriels permettrait le double emploi des terrains bâtis en zone urbaine. Dans le cas ou une dalle portante est apte à supporter des charges considérables l'aménagement de véritables jardins paysagers peut être envisagé. De là le pas vers la construction d'une partie d'un parcours de golf n'est qu'une question de choix. Le gazon vallonné et la plantation abondante n'en augmente que l'illusion du parc. Lors du placement d'un jardin sur dalle, l'aspect artificiel peut prévaloir sur l'aspect naturel. La rivière sèche, les pièces d'eau orthogonales bordées de pierre de taille et les différents arbres, arbustes et plantes vivaces plantées dans des parterres de galets en sont l'expression pure et simple.

Hole in one

Een woning of kantoor met terras boven een bedrijfspand uitbouwen biedt het voordeel van dubbel bodemgebruik. Bij voldoende draagkracht van de dakplaat kan zelfs gedacht worden aan een tuin met golvend bodemprofiel. Nog een stap verder en we komen bij het deel van een golfparcours uit dat zoals hier bovenop een bedrijfspand ingericht werd. De hoge heesterrand maakt de illusie van tuin of park compleet. Daarnaast kan de opbouw boven het dak juist aanleiding geven om het kunstmatige ervan te benadrukken. De droge rivier, de rechte waterpartijen afgeboord met steen en de bomen en heesters tussen de vlakken met rolkeien dragen hier onmiskenbaar de handtekening van de mens.

Rock garden and pool provide a link between the front and back gardens.

Jardin de rocaille et plan d'eau forment le lien entre intérieur et extérieur.

Rotstuin en waterpartij vormen link tussen voor- en achtertuin.

Duplex garden

The addition of a duplex above an old block of flats and the creation of garden rooms went hand in hand. At the very top a terrace with a wooden floor and steel railings evokes the atmosphere of a steamship. This feeling is intensified by the wind, sun and rain and the view of the broad panorama over the roofs. One floor down, climbers, steel grilles and pergolas give the patios an intimate feel. On the roof of the building itself a graphic composition in areas of gravel and succulents forms the link between the various parts of the garden.

Jardin duplex

Les espaces libres font intégralement partie de ce duplex, au-dessus de cet ancien immeuble d'appartements. Tout en haut la terrasse en bois avec ses rambardes de métal créent l'illusion du paquebot. Le vent, la pluie, le soleil brûlant et l'océan de toitures renforcent cette illusion. Un niveau plus bas l'habitant se retrouve chez lui sous une pergola dans un patio intimiste. L'organique contre le rigide ou les plantes grimpantes contre les grilles de métal en font le caractère. Sur le toit de l'immeuble un graphisme de gravier et de plantes grasses en alternance forment le lien entre les différents espaces.

Duplex tuin

De uitbouw van een duplex boven een oud appartementsgebouw en de creatie van de tuinkamers gingen hand in hand. Helemaal bovenaan roept een terras met planken vloer en stalen relingen de sfeer van een pakketboot op. Wind, zon, regen en de uitkijk over de wijdheid boven de daken versterken die ervaring. Een niveau lager zorgen klimplanten, stalen roosters en pergola's voor de intimistische sfeer van de patio's. Op het dak van het gebouw zelf legt een grafische compositie van grindvlakken en vetplanten de link tussen de verschillende delen van de tuin.

A patio atmosphere in the foreground and a 'graphic garden' in the background.

Patio à l'avant plan et 'jardin graphique' à l'arrière

Patiosfeer op voorgrond en 'grafische tuin' op achtergrond

Organic greenery and the steel framework reinforce the intimate atmosphere.

La végétation et l'ossature en métal renforce l'intimité de l'espace.

Organisch groen en stalen geraamte versterken de intieme sfeer.

Loftgarden

The visual idiom of the loft is extended out onto the terrace so the interior and exterior form a single entity. The garden's main constituents are such straightforward materials as wood, stone and glass, together with grass and water. While the bluestone terrace is rather enclosed, the adjoining part with its wooden floor and glass windscreens presents an open panorama over the city. The bands of grass and water each start from one of the two parts of the terrace and cross each other symbolically in the middle amidst the high grasses.

Loftgarden

Le concept de cette terrasse est inspiré du loft. De cette façon intérieur et extérieur forment un ensemble. Les matériaux comme le bois, la pierre et le verre on chacun leur fonction bien définie. Si l'espace de la terrasse en pierre bleue veut créer une ambiance close, celle en bois exprime l'ouverture sur le monde et entretient un contact visuel permanent avec la ville. Un filet d'eau et une bande de gazon symbolisent la nature domestiquée. Pour renforcer cette idée ces deux éléments se croisent et se retrouvent entre les herbes hautes à caractère graphique.

Loftgarden

Consequent werd de vormentaal van de loft hier op het dakterras doorgetrokken. Zo vormen interieur en exterieur één geheel. Voor zich sprekende materialen zoals hout, steen, en glas maken samen met gras en water de hoofdbestanddelen van de tuin uit. Waar het arduinen terras eerder een besloten karakter heeft, biedt het aansluitende deel met de planken vloer daar tegenover door de windschermen van glas een panorama over de stad aan. Grasstrook en water vertrekken vanuit één van de twee delen van het terras en kruisen mekaar symbolisch in het midden, tussen de hoge grassen in.

Face to face with the city.

Un contact permanent avec la ville.

Oog in oog met de stad.

A bay in the garden

The view of the bay makes any garden superfluous. On this sober wooden terrace you find peace and quiet while enjoying the landscape. It tells a story of harmony: the balance between mountain and sea that was reached at some point in the past. It offers a space in which to nestle, to dream or to explore new horizons.

Jardin de délices

L'implantation en bord de mer, au dessus de cette baie, rend tout aménagement de jardin totalement superflu. Profitant de la vue l'homme peut s'y apaiser. Le paysage lui raconte une histoire d'harmonie, de respect réciproque entre la mer et la montagne. C'est dans ce cadre de vie qu'il peut entrer ou rêver de partir à la découverte de nouveaux horizons.

De baai als tuin

Het zicht op de baai maakt elke tuin overbodig. Op dit sobere, houten terras komt de mens tot rust terwijl hij van het landschap geniet. Het vertelt hem een verhaal over harmonie, het evenwicht dat ooit tussen de berg en de zee tot stand kwam. Het geeft hem ruimte om zich te nestelen, te dromen of nieuwe horizonten te verkennen.

Bonsai for the contemporary look

Making use of their company's location immediately adjacent to the open landscape, the owners built a home with a terrace and garden above the factory. Since the main materials are wood and bluestone, their combination with plants makes it easy for them to integrate into the landscape. The functional use of hedges adds a contemporary note. They block the view from the nearby road while the occupants' view out is unhindered. A solitary touch like the full-grown bonsai emphasises the garden's contemporary nature.

Bonsaï, symbole de la dualité nature-culture

De l'implantation, à la limite d'un zoning industriel et du paysage rural, vient l'idée d' aménager habitation et jardin au dessus de l'entreprise. Les matériaux naturels utilisés pour la terrasse sur le toit de l'atelier, comme la pierre bleue et le bois permettent une intégration visuelle du paysage et de l'espace bâti. L' apport des plantes et font un jardin. Si le bonsaï mature, symbole de la dualité nature-culture, est un élément de décoration, les haies au contraire ont un rôle fonctionnel. Elles empêchent les regards indiscrets tandis qu'elles laissent aux propriétaires toutes le joies de la vue sur le terroir.

Bonsai geeft eigentijds karakter weer

Gebruik makend van de inplanting van hun bedrijf vlak tegen het open landschap aan, bouwden de eigenaars een woning met terras en tuin boven de bedrijfshal uit. De belangrijkste materialen hout en blauwe hardsteen maken samen met de beplanting een vlotte integratie in het landschap mogelijk. Hedendaags is het functionele gebruik van hagen. Ze belemmeren de inkijk vanuit de nabij gelegen weg, terwijl het uitzicht voor de bewoners open blijft. Ook een solitair, zoals de volgroeide bonsai, onderstreept het eigentijdse karakter van de tuin.

Bonsai, classical and yet highly contemporary.

Elément du jardin classique oriental, le bonsaï est lui aussi très moderne.

Bonsai, klassiek en toch heel hedendaags.

Organic relic

This old cement factory, which forms an organic whole, comes closer to nature than the industrial world. Plants just grow there, appearing after the works closed down. But the structure itself does have something to do with it. As in nature, only what is useful survives. What is superfluous simply disappears. This law was also a decisive factor in the renovation of the site. After it was stripped all that remained was a bare skeleton, which served as a basis for the arrangement and design of the offices and home. Since then plants have symbolically reclaimed their space on the site.

Vestige organique

De conception organique cet ancienne usine de ciment est dans un certain sens plus proche du naturel que de l'industriel. La végétation n'y est pour rien, elle est ultérieure à l'exploitation. Mais c'et la structure même de l'édifice qui en est la cause. Comme dans la nature ce qui est utile survit et ce qui est superflu disparaît. Cette loi se trouve à la base de la transformation de ce site en bureaux et habitation. Après le démantèlement de la construction, il restait une ossature forte et dominante, qui a servi de base pour le nouvel aménagement. Depuis lors les plantations ont symboliquement repris leur droit sur le terrain.

Organisch relict

Als organisch geheel leunt deze oude cementfabriek dichter bij de natuur aan dan bij de industriële wereld. Planten zitten daar voor niets tussen, die kwamen na de stopzetting van de activiteiten. Maar de structuur op zich heeft er wel iets mee te maken. Zoals in de natuur overleeft alleen wat nuttig is. Wat overbodig is verdwijnt zonder meer. Deze wet was ook bepalend bij de renovatie van de site. Na de ontmanteling bleef er alleen een naakt skelet over, dat als basis diende voor de inrichting en de indeling van bureau's en woning. Sindsdien hebben planten hun plaats symbolisch terug op het terrein opgeëist.

Organic structure.

Conception et structure organique.

Organische structuur.

Plants are reclaiming their space.

La végétation reprend tous ses droits.

Planten eisen hun plaats terug op.

The outdoor feeling

Anyone living in this fifth-floor flat who can make an abstraction of the surrounding office buildings will have the feeling of living on the outskirts of the city. The decisive factors that produce this effect are the dimensions of the garden, the use of trees and the laying of large borders. Ground-cover plants, perennials, roses and flowering shrubs alternate to create an inimitable garden-like sensation.

En villégiature

Faisant abstraction des bâtiments environnants cet espace vert au cinquième étage donne l'impression d'habiter la campagne. Cette illusion tient en partie de la profondeur de l'espace clos. Mais se sont surtout les arbres, les grands parterres de couvres sol et de plantes vivaces, ainsi que l'emploi judicieux de roses et d'arbustes à fleurs qui créent cette ambiance irremplaçable du jardin.

Buitengevoel

Wie in dit appartement verblijft en de kantoorgebouwen op de achtergrond wegdenkt heeft op het vijfde verdiep het gevoel aan de rand van de stad te wonen. Bepalend daarin zijn de afmetingen van de tuin, het gebruik van bomen en de aanleg van grote borders. Bodembedekkers, vaste planten, rozen en bloeiende heesters wisselen er mekaar af en creëren het onvervangbare tuingevoel.

Plants create that inimitable garden-like sensation.

Les plantes créent cette ambiance irremplaçable du jardin.

Planten creëren het onvervangbare tuingevoel.

Functionalism and minimalism

For technical reasons, the largest part of this roof could not be used as a terrace. That explains this L-shape, only 60 square metres in size. The space available is more an extension of the living room than a garden. You can see this in the canvas that suggests a roof, the benches also used for storage and the bamboo erected as a visual screen and decorative wall. An interesting element here is the combination of the dry bamboo stems with living plants in the tub at the bottom. The large jacuzzi is a functional element that fits in perfectly with the notion of a living space. Through its design and the use of wood, metal and stone, the whole space makes a minimalist impression.

Fonctionnalisme et minimalisme

Pour des raisons techniques la plus grande partie du toit ne pouvait être aménagée comme terrasse. Ce qui explique la forme en L, qui ne fait pas plus de soixante mètre carré. L'espace utile n'est pas un jardin proprement dit, mais plutôt une extension du living. La voile qui suggère le plafond, les bancs qui servent également de remise et les écrans de bambous en sont les caractéristiques. Remarquez l'emploi de plantes basses aux pieds de ces tiges de bambous séchées. Elément fonctionnel, le jacuzzi s'intègre parfaitement dans cette 'chambre extérieure'. La sobriété de l'ensemble et l'utilisation de matériaux comme le bois, le métal et la pierre renforcent l'aspect minimaliste.

Functionalisme en minimalisme

Om technische redenen kon het grootste deel van het dak niet gebruikt worden als terras. Vandaar deze L-vorm, die maar zestig vierkante meter groot is. De beschikbare ruimte is meer een uitbreiding van de living dan een tuin. Je merkt het aan het zeil dat een dak suggereert, de zitbanken die ook als opbergplaats dienen en het gebruik van bamboe als zichtscherm en decoratieve wand. Interessant is hier de combinatie van droge bamboestengels met levend plantmateriaal onderin in de kuip. Als functioneel element sluit de grote jacuzzi perfect aan bij het idee leefruimte. Vormgeving en de materialen hout, metaal en steen laten een minimalistische indruk van het geheel na.

Dry bamboo stems are used as a visual screen and to divide up the space.

Emploi de tige de bambous comme écran et comme suggestion de séparation.

Gebruik van droge bamboe-stengels als zichtscherm en om ruimte in te delen.

Shade and subdued light

In a region where the sun remains high in the sky all day, shade and subdued light are precious commodities. The designers of this penthouse have clearly understood this. On the south side they built a pergola, over which they let climbers grow. Altogether this provides the necessary shade and protection against the rays of the sun. On the other side, they used plants in tubs and boxes on the terrace facing north. The subdued light here enables these plants to stand out attractively against the wall behind them all year round.

Ombre et luminosité

Dans une région, où le soleil brûle tout au long de la journée, c'est l'ombre et la luminosité tempérée que chacun recherche. Les auteurs de ce projet l'on bien compris. Au sud ils construisirent une pergola que les plantes peuvent envahir. L'espace ombragé qu'elles créent est idéal pour prendre place à table. De l'autre côté de l'appartement, sur la terrasse au nord, la lumière douce et constante fait ressortir les plantes contre le mur du fond.

Schaduw en getemperd licht

In een streek waar de zon heel de dag hoog aan de hemel staat zijn schaduw en getemperd licht kostbare goederen. De ontwerpers van dit dakappartement hebben dat goed begrepen. In het zuiden bouwden ze een pergola, die ze met klimplanten lieten overgroeien. Dat geheel zorgt voor de nodige schaduw en bescherming tegen de zonnestralen. Aan de andere kant, op het terras in het Noorden, werkten ze met planten in bakken en kuipen. Door het getemperde licht komen die hier heel het jaar rond mooi tot hun recht tegen de achterwand.

Luxuriant plant growth provides shade at the hottest time of the day.

Sous une végétation abondante la fraîcheur règne tout au long de la journée.

Overweldigende plantengroei zorgt voor schaduw op de warmste uren van de dag.

View with garden

The garden plays a crucial part in creating the atmosphere in and around this hotel, whose oldest parts date from 1890. Accessibility is limited, but the guests on every floor can enjoy the view of the patterned parterres, the arrangement of the paths, the reflecting water and the topiary. When the extension for the pool, massage and fitness rooms was added, its roof was used for this layout, so that no green space was lost.

Vue sur jardin

Le jardin joue un rôle crucial dans l'atmosphère de cet hôtel, qui date en partie de 1890. L'accessibilité en est limitée, mais la vue depuis les chambres intéressera la plus part des hôtes. Les parterres et la structure orthogonale, le plan d'eau et le buis taillé sont indéniablement liés au monde classique. Ceci fait tout le charme de la toiture de la piscine, qui autrement aurait été une surface perdue comme espace vert.

Uitzicht op tuin

Cruciaal is de rol van de tuin in de sfeer in en rond dit hotel, waarvan het oudste deel uit 1890 dateert. De toegankelijkheid is beperkt, maar de gasten kunnen vanuit alle verdiepingen genieten van het zicht op het patroon van parterres, de padenstructuur, de waterspiegel en de verschillende snoeivormen. Bij de uitbouw van het zwem- massage- en fitnessgedeelte werd het dak benut voor deze aanleg, waardoor geen groene ruimte verloren ging.

A composition in areas of gravel,
water and parterres seen from the
hotel's rooms.

*Composition de parterres, plan
d'eau, chemin et structure orthogonale en gravier, vu des chambres.*

*Compositie van grindvlakken, water-
partijen en parterres gezien vanuit
de gastenkamers.*

Coolness and a Mediterranean atmosphere

On the top floor of this former industrial location in Antwerp, everything was done to create coolness and a Mediterranean atmosphere. It is no accident that the pool adjoins the living room and bedroom. The coolness of the water always pervades the patio and on hot summer days penetrates deep into the living areas through the large windows. One floor up, the tone is set by wood, grass and hedges. The austerity of the wooden floors, lawn and beech hedges is in perfect keeping with the restrained architecture of lines and planes.

Fraîcheur et atmosphère méditerranéenne

Fraîcheur et luminosité méditerranéenne font le charme de cette terrasse à l'étage supérieur de cet ancien site industriel à Anvers.
La fraîcheur de la piscine, le jeu de l'eau et la lumière font partie intégrante du climat de ce loft. A l'étage supérieur ce sont le bois, le gazon et la haie qui soulignent le sobriété de l'architecture .

Koelte en mediterrane sfeer

Koelte en mediterrane sfeer, daar draait het om op de bovenverdieping van deze vroegere industriële site in Antwerpen. Niet toevallig sluit het zwembad bij de living en de slaapkamer aan. De koelte van het water hangt altijd in de zonovergoten patio rond en dringt op hete zomerdagen via de grote ramen tot diep in de woonvertrekken van deze loft binnen. Een verdiep hoger voeren hout, gras en hagen de toon aan. Door hun strak karakter sluiten planken vloeren, gazon en beukenhagen perfect aan bij de sobere architectuur van vlakken en lijnen.

The lawn provides coolness in the summer.

Le gazon garde sa fraîcheur en été.

Gazon brengt koelte in de zomer.

The phantom of the opera

Sit and enjoy the intimate atmosphere of the morning or evening garden. Climbers, ground-cover plants and flowers create the illusion of a natural environment. A pool with stepping-stones between the two terraces intensifies this impression. When you stand up you experience the grandeur and feel the warmth of the old city with monuments like the opera house, towers and a mass of roofs.

The phantom of the opera

Assis, le monde se replie sur lui-même dans ces deux petits jardins à hauteur des toitures. L'abondance des plantes: grimpantes, à fleurs ou couvre sol et le petit étang qui sépare les deux parties de l'espace créent l'illusion d'un monde naturel. Debout, la vue juste au dessus des monuments, comme l'opéra, des autres tours et coupoles rappelle l'appartenance à cette grande entité qui est la ville.

The phantom of the opera

Zittend genieten van de intimistische sfeer van de ochtend- of avondtuin. Klimplanten, bodembedekkers en bloemen scheppen de illusie van een natuurlijke omgeving. Een vijvertje met stapstenen tussen de twee terrassen in versterkt die beleving. Staand ervaar je de grootsheid en voel je de warmte van de oude stad, met haar monumenten, zoals de opera, haar torens en de veelheid aan daken.

The pool with stepping-stones is the link between the two terraces.

Le petit étang est la charnière entre les deux parties du jardin terrasse.

Vijver met staptegels vormt de scharnier tussen de twee terrassen.

Green school

Seen from ground level, nature appears to cover this school building entirely. The groups of rocks play an important part in this story. It looks as if they are helping to support the building, but whenever there's a cloudburst they also channel the rainwater down so that it can spread out in the soil. Visually speaking, it's the plants that emphasise the natural and ecologically nature of the whole project. They mark off the paths and create the spaces where, since there is insufficient space in the surroundings, children can at certain times come to play.

Ecole verte

Ce bâtiment scolaire fait partie de la nature. C'est l'idée majeure que l'auteur du projet a exprimée en laissant les végétaux envahir toute la toiture à partir du sol. Les roches jouent également un rôle dans ce récit. Ils semblent soutenir la construction, mais servent en réalité à récupérer et disperser les eaux en cas d'orages ou pluies abondantes. Si les plantes accentuent l'aspect écologique, elles délimitent également les sentiers et les espaces que les enfants peuvent explorer à temps voulu par manque d'espace libre au sol.

Groene school

Vanuit grondniveau trekt de natuur over dit schoolgebouw heen. In dit verhaal spelen de rotspartijen een belangrijke rol. Zij lijken het gebouw mee te ondersteunen, maar dienen ook om het draineerwater of het regenwater bij een wolkbreuk naar beneden te leiden, zodat het zich verder in de bodem kan verspreiden. Visueel zijn het de planten die het natuurlijk en ecologisch karakter van het hele project onderstrepen. Zij bakenen de paden af en creëren de ruimtes waar kinderen op bepaalde tijdstippen, bij gebrek aan voldoende plek in de omgeving, kunnen recreëren.

Groups of rocks catch the water and spread it over the ground.

Les roches servent à récupérer et disperser les eaux par pluies abondantes.

Rotspartijen dienen om water op te vangen en te verspreiden over de bodem.

Organic fencing adds to the intended natural appearance.

La grille à caractère organique accentue l'aspect écologique du site.

Organisch hekwerk versterkt de natuurlijke opzet.

Contrast and uniformity

Although the forms and materials used contrast with each other – wood as against metal, rigid against organic, terracotta against lead – the overall picture of all the garden rooms together radiates quietness and harmony. The beech hedges around each of these rooms create an enclosed atmosphere, while the row of trees brings restfulness to this terrace with its sunny and shady areas and pool. In spring, the sense of uniformity is enhanced by white blossoms in all the planted sections.

Unité et contraste

Les différences de matériaux comme le bois, le métal, la terra cotta ou le plomb; le contraste entre le minéral et l'organique ou le formalisme contre le végétal, sont, contrairement à toute logique, à la base de l'harmonie qui règne dans l'enchaînement des espaces clos autour de ce loft. La haie de hêtres , qui relie les aménagements entre eux, se charge avec la rangé d'arbres de créer cet atmosphère protégée que chacun recherche dans un jardin. Au printemps la floraison toute blanche renforce l'unité entre les parterres de plantes vivaces ou d'arbustes.

Contrast en eenheid

Hoewel de gebruikte materialen en vormen met mekaar contrasteren - hout tegen metaal, strak tegen organisch, terracotta tegen lood - straalt het totaalbeeld over de verschillende tuinkamers heen rust en harmonie uit. De beukenhagen rond de verschillende tuinkamers zorgen voor een besloten sfeer, terwijl de rij bomen rust brengt in deze aaneenschakeling van zonne-, schaduw- en zwembadterras. Witte bloesem, over alle plantvakken heen in het voorjaar, versterkt het gevoel van eenheid.

The plants and retaining wall give a Mediterranean feel; plants, metal and wood are clearly part of the loft.

Muret et plantes font méditerranéen; plantes, structures en métal et plancher font bien partie du loft.

Planten en steunmuur staan voor zuiderse sfeer; planten, metaal en hout horen bij de loft.

Inverted garden

When the whole of the ground floor is built-up, one has to go up to the first floor to make a garden. The accompanying terrace is at the same level as the kitchen. The lawn, trees and water channel need more depth and so rise up from floor level. It has a contemporary feel, but the play of water, trees and straight hedges inevitably remind one of the old Moorish gardens at Granada and Cordoba.

Jardin surélevé

L'espace libre se situe ici au niveau du premier étage, le rez-de-chaussée étant bâti sur toute la longueur du terrain. Le gazon, les arbres et l'eau nécessitent un plus grand volume au dessus de la dalle que la terrasse de pierres bleues, ce qui engendre les différences de niveau. Le résultat est un jardin très actuel, bien que le plan orthogonal et le jeux de lignes rappellent l'architecture des jardins mauresques de Grenade ou de Cordoba.

Inversietuin

Wanneer alles op het gelijkvloers volgebouwd is, blijft er ter hoogte van het eerste verdiep ruimte over voor een tuin. Het bijhorende terras ligt op vloerniveau van de keuken. Gazon, bomen en waterkanaal hebben meer diepte nodig en steken boven die vloerpas uit. De sfeer is hedendaags, maar het spel van water, bomen en strakke hagen doen onvermijdelijk denken aan de oude Moorse tuinen van Granada of Cordoba.

Water plays the leading role in the composition of the garden.

L'eau est l'élément de référence de la composition du jardin.

Water neemt hoofdaandeel in de compositie van de tuin.

Nature on the roof

This natural garden lies amongst the houses and other buildings on the outskirts of the city. There was not enough open space on the ground so it was laid out on the roof of an industrial building. Areas of sun and shade take their turn. The vegetation adapted itself to a variety of mini-biotopes. The smooth transition from water and marsh vegetation to perennials, rock plants, grasses and sturdy shrubs defines the character of a garden that has developed organically.

Nature sur toiture

Ce jardin naturel se situe en banlieue. Par manque d'espaces il fut aménagé sur le toit d'une entreprise. Les plantations s'y sont adaptées aux différents biotopes voulus par l'homme. De par leur hauteur ou le caractère de leur feuillage elles créent des zones ombragées ou tout au contraire laissent pénétrer les rayons de soleil. Mais se sont les plantes vivaces, de rocailles, de marais et les herbes qui font cette succession merveilleuse de tons, propre à toutes structure organique ou végétale.

Natuur op het dak

Aan de rand van de stad, tussen de gebouwen en de huizen door, ligt deze natuurtuin. Bij gebrek aan voldoende open ruimte werd hij op het dak van een bedrijfsgebouw aangelegd. Zon- en schaduwpartijen wisselen er mekaar af. De plantengroei wist er zich aan te passen aan de verschillende kleine biotopen. De vloeiende overgang van water- of moerasvegetatie naar vaste planten, rotsplanten, grassen of grove heesters bepaalt het karakter van deze organisch gegroeide tuin.

Plants and flowers define the atmosphere.

Plantes et fleurs créent l'ambiance.

Bloemen en planten bepalen de sfeer.

Natural-looking groups
of plants on the roof.

Une impression bien
naturelle sur le toit.

Natuurlijk aandoende planten-
formaties op het dak.

Open and closed spaces

Wood both horizontal and vertical adds structure to this terrace above the old city. In the evening, light shines unexpectedly out of wooden cylinders and the wooden floor seems to run right up to the walls of the building and the service blocks. Plants play a subordinate role in this concept. It is the various views that define the atmosphere of this sober terrace: views over the roofs and the tops of the trees and of the people crossing the square below.

Jeux d'ouvertures et de vues

Toute l'ambiance de cette terrasse réside dans l'emploi judicieux des planches à l'horizontale et à la verticale. La lumière qui en soirée s'échappe des gaines en lattis renforce cet architecture de bois. Certes, les plantes y jouent un rôle moins important. En contrepartie ce sont les vues au dessus des toits, sur la place en contrebas ou les cimes des arbres qui participent à l'atmosphère libre de cette terrasse.

Open en besloten ruimtes

Horizontaal en verticaal geplaatst hout geeft structuur aan dit terras boven de oude stad. Licht schijnt 's avonds onverwachts uit houten kokers, de houten vloer lijkt door te lopen tegen de muren en de wanden van de technische ruimtes. In dit concept spelen planten een ondergeschikte rol. De verschillende zichten: over de daken heen, de kruinen van de bomen of de mensen die beneden over het plein lopen bepalen mee de sfeer op dit sobere terras.

Vertical wooden slats hide the terrace from view.

Un lattis vertical empêche le vis à vis.

Vertikaal houten latwerk belet inkijk op het terras.

The little house on the prairie

Apart from the plants themselves, every aspect of a roof garden is artificial. How one designs this miniature landscape is a matter of choice. Anything is possible: formal, landscape or romantic, but a mixture of styles and types deprives the ensemble of any soul. Five floors up, in the midst of the urban bustle, this garden breathes the atmosphere of a nineteenth-century cottage. In making the illusion credible, nothing was left to chance. The fence with its gate, a terrace in clinkers, a grape-house, garden furniture and shed with a pump harmonise perfectly with plants of yesteryear.

La petite maison dans la prairie

Au dessus du quatrième, en plein centre d'un quartier du dix-neuvième surgit ce jardin qui en soi porte toutes les qualités du cottage. Tout est mis en place en fonction de cette illusion rurale. La clôture en bois à croisillons, la terrasse en briques anciennes, la serre, la pompe en pierre bleue, ainsi que les essences d'antan font partie de ce monde idyllique. Si le mouton noir (voir photo) est visiblement présent, d'autres animaux comme la grenouille et la salamandre vivent ici leur vie cachée.

Het kleine huis op de prairie

Vijf hoog, midden in de drukte van de stad, ademt deze tuin de sfeer van de negentiende eeuwse cottage uit. Niets werd aan het toeval overgelaten om de illusie geloofwaardig te maken. Tuinhek met poort, terras in klinkers, druivenserre, tuinmeubilair en schuurtje met pomp harmoniseren perfect met de planten van weleer. Alles werd gemaakt met authentiek materiaal. Ook dieren voelen zich hier in hun sas. Naast het zwarte schaap (zie foto) vinden ook kikkers en salamanders hier een geschikte levensomgeving.

Fence, gate, grape-house, terrace,
furniture and plants of yesteryear
complete the cottage illusion.

L'ensemble, la clôture à croisillons, la
serre, la terrasse en briques anciennes,
le mobilier, ainsi que les plantes
d'antan, crée l'illusion du cottage.

Hek, poort, druivenserre, terras,
meubilair en planten van weleer maken
de cottage illusie compleet.

155

Plans Plans

Plannen

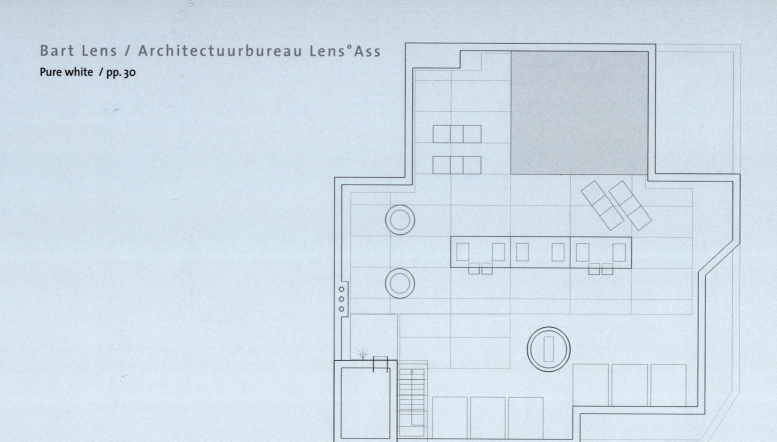

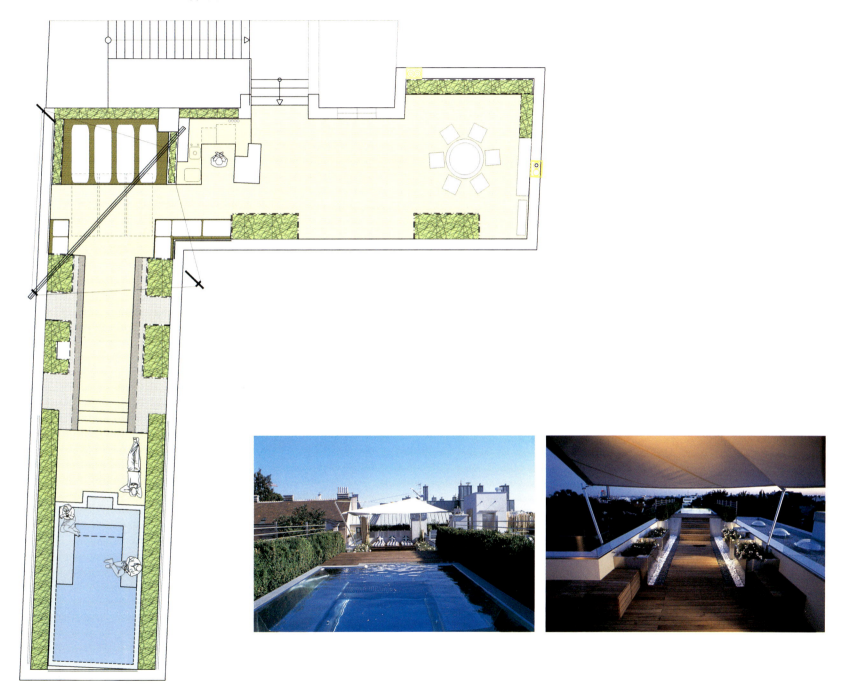

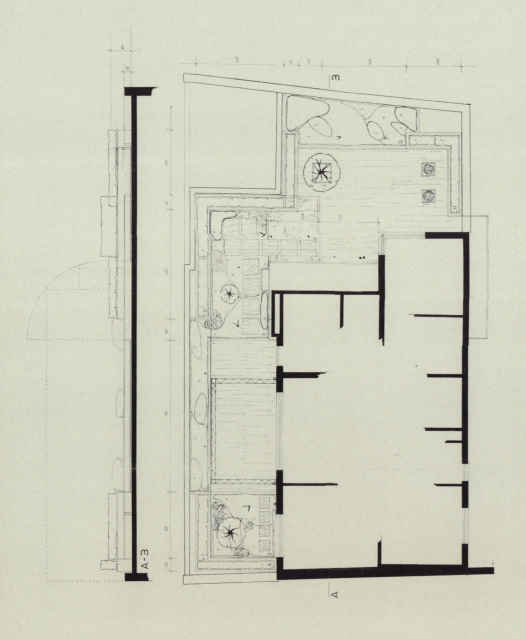

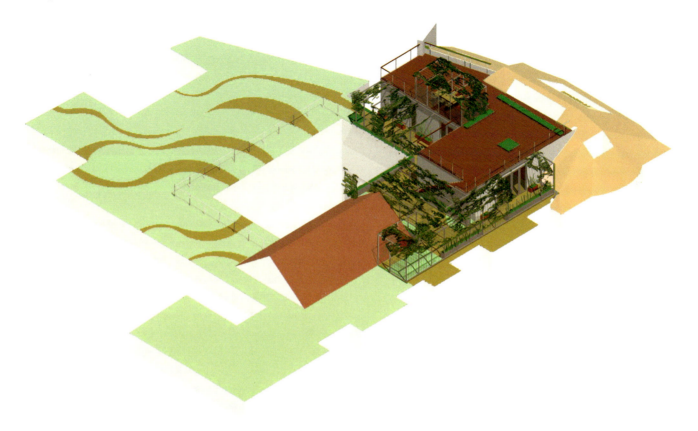

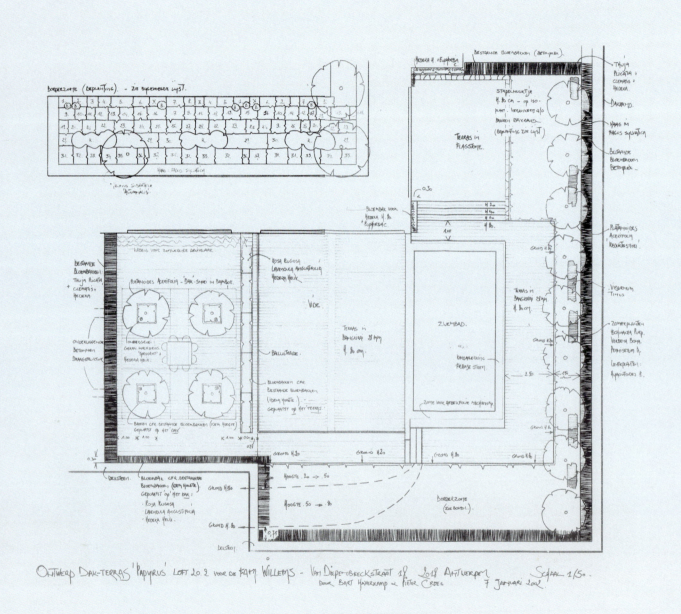

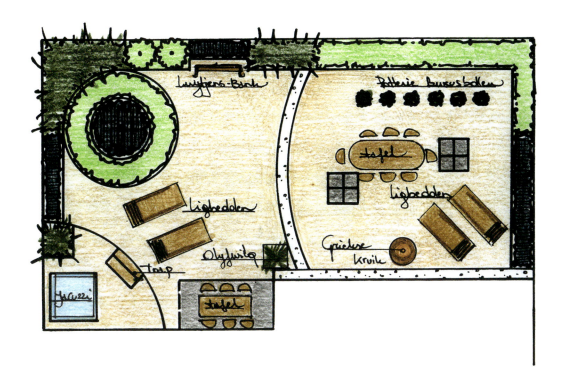

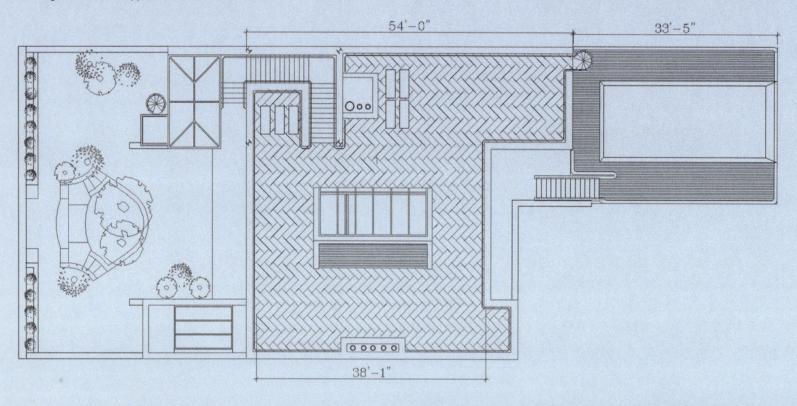

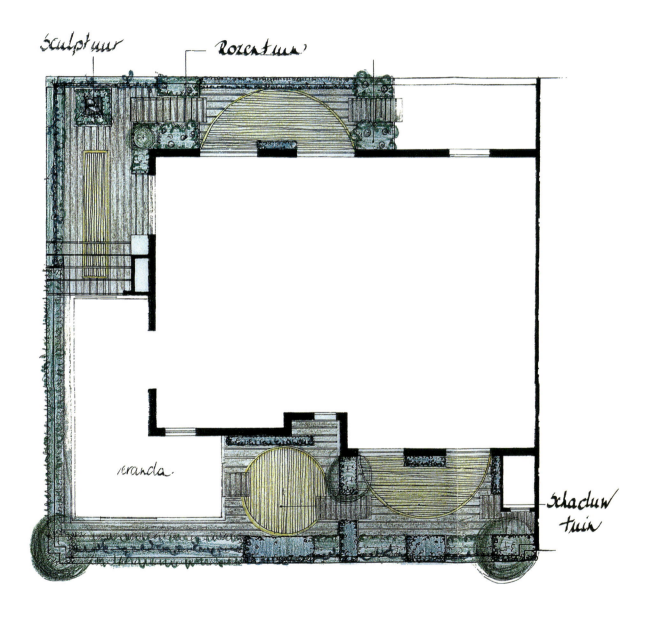

Sculptuur

Rozentuin

veranda.

Schaduw tuin

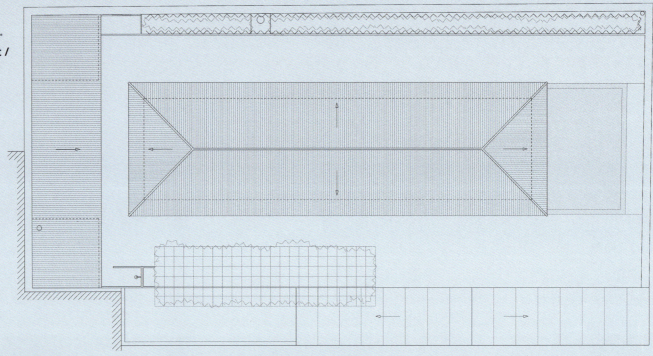

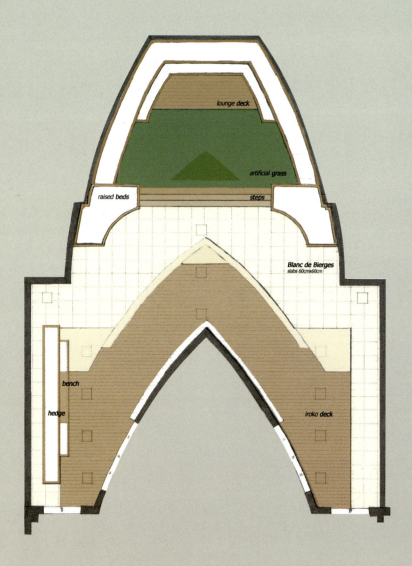

lounge deck

artificial grass

raised beds

steps

Blanc de Bierges
slabs 60cmx60cm

bench

hedge

iroko deck

Andrew Lastella /
Halsted Welles Associates

A scene that sticks in your mind / pp. 40

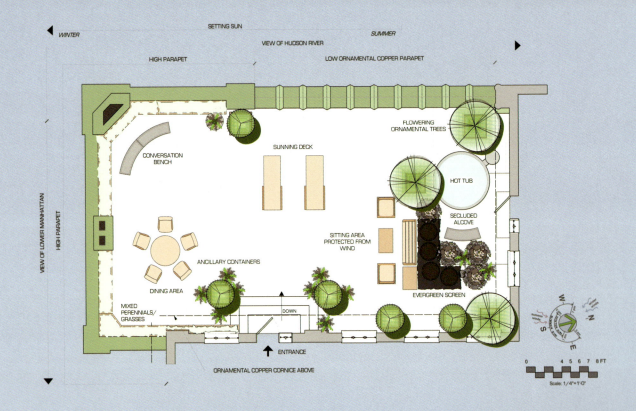

SETTING SUN

WINTER

SUMMER

VIEW OF HUDSON RIVER

HIGH PARAPET

LOW ORNAMENTAL COPPER PARAPET

VIEW OF LOWER MANHATTAN

HIGH PARAPET

CONVERSATION
BENCH

SUNNING DECK

FLOWERING
ORNAMENTAL TREES

HOT TUB

SECLUDED
ALCOVE

SITTING AREA
PROTECTED FROM
WIND

ANCILLARY CONTAINERS

DINING AREA

MIXED
PERENNIALS/
GRASSES

DOWN

EVERGREEN SCREEN

ENTRANCE

ORNAMENTAL COPPER CORNICE ABOVE

0   4 5 6 7 8 FT

Scale: 1/4"=1'0"

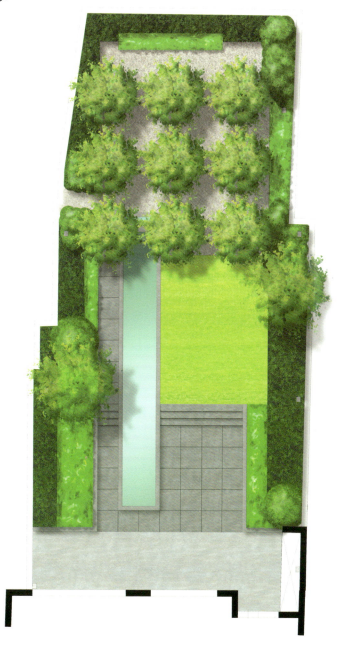

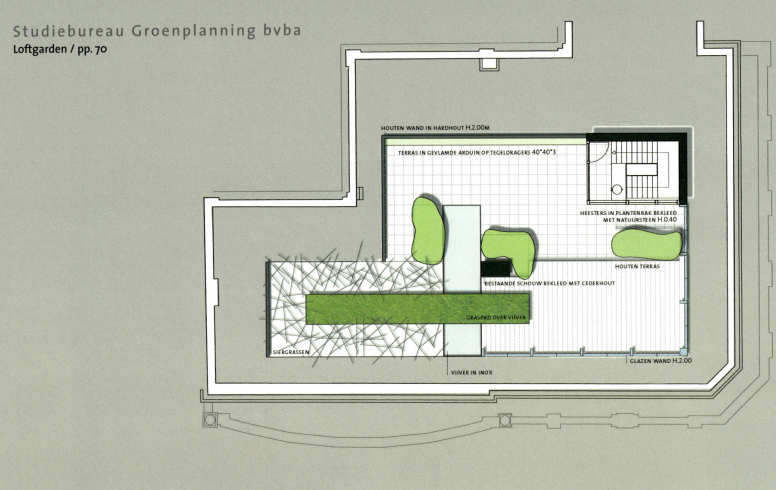

HOUTEN WAND IN HARDHOUT H.2.00M

TERRAS IN GEVLAMDE ARDUIN OP TEGELDRAGERS 40*40*3

HEESTERS IN PLANTENBAK BEKLEED
MET NATUURSTEEN H.0.40

HOUTEN TERRAS

BESTAANDE SCHOUW BEKLEED MET CEDERHOUT

GRASPAD OVER VIJVER

SIERGRASSEN

VIJVER IN INOX

GLAZEN WAND H.2.00

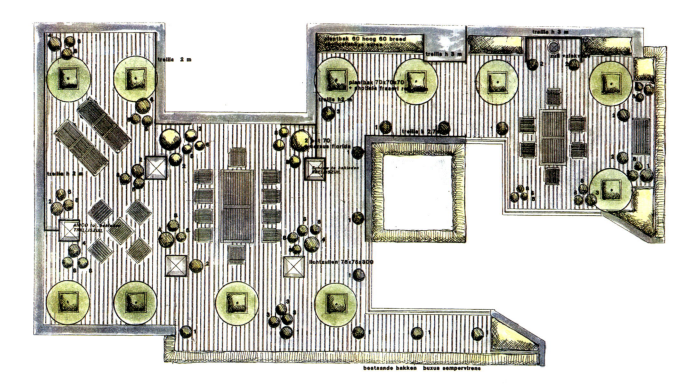

Acknowledgements

Like so many other books, *Roof Gardens* was a long-term project. We would therefore like to thank all those people who helped us throughout this undertaking by looking for projects and putting us in touch with their owners. In this respect, special thanks are due to Joachim Stroh of ZinCo International, Elena Martinez of Location Department, Royale Baeyens Vastgoed, Oliver Gachowetz, Daniel Stultjens of Carmans, Luc Tavernier of Ibic, Peter Adams of Avant Garden, Koen Robberecht and Bart Lens.

We should also like to thank the whole *Roof Gardens* team: the photographers Guy Obijn, Martin Santander, Guy Goethals, Ian Bradshaw, Rupert Steiner, Bernd Hartung, Jo Jetten, Martin Eberle&Carsten Eisfeld, Tim Soar, Rafael Vargas, Giulio Oriani / Vega MG, Aléjandro Bahamon and Clemens Lutz, the author Philippe Cols and the designer Gunter Segers.

PHILIPPE DE BAECK, MARC REIJNTJES
& RUDY STEVENS

Remerciements

Comme tant d'autres livres, *Jardins Suspendus*, fût un projet à long terme. C'est la raison pour laquelle nous aimerions remercier tout le monde qui nous a aidé tout au long de la réalisation du livre à trouver les projets et nous a mis en rapport avec les propriétaires. Nous témoignons notre reconnaissance envers : Joachim Stroh de ZinCo International, Elena Martinez de Location Department, Royale Baeyens Vastgoed, Oliver Gachowetz, Daniel Stultjens de Carmans, Luc Tavernier de Ibic, Peter Adams de Avant Garden, Koen Robberecht et Bart Lens.

Nous aimerions également remercier toute l'équipe de *Jardins Suspendus*: les photographes Guy Obijn, Martin Santander, Guy Goethals, Ian Bradshaw, Rupert Steiner, Bernd Hartung, Jo Jetten, Martin Eberle&Carsten Eisfeld, Tim Soar, Rafael Vargas, Giulio Oriani / Vega MG, Aléjandro Bahamon et Clemens Lutz, l'auteur Philippe Cols et le graphiste Gunter Segers.

PHILIPPE DE BAECK, MARC REIJNTJES & RUDY STEVENS

Dankwoord

De realisatie van *Daktuinen* is, net als zoveel andere boeken, een werk van lange adem geworden. Daarom wensen wij alle mensen te bedanken die ons hebben geholpen bij het zoeken naar adressen van projekten of in contact brachten met de eigenaars. Een speciale vermelding hiervoor verdienen Joachim Stroh de ZinCo International, Elena Martinez van Location Department, Royale Baeyens Vastgoed, Oliver Gachowetz, Daniel Stultjens van Carmans, Luc Tavernier van Ibic, Peter Adams van Avant Garden, Koen Robberecht en Bart Lens.

Ook danken wij het ganse *Daktuinen*-team: de fotografen Guy Obijn, Martin Santander, Guy Goethals, Ian Bradshaw, Rupert Steiner, Bernd Hartung, Jo Jetten, Martin Eberle&Carsten Eisfeld, Tim Soar, Rafael Vargas, Giulio Oriani / Vega MG, Aléjandro Bahamon en Clemens Lutz, de auteur Philippe Cols en de grafisch vormgever Gunter Segers.

PHILIPPE DE BAECK, MARC REIJNTJES & RUDY STEVENS

Creditline

Front cover: Guy Obijn; *back cover: left up:* Ian Bradshaw, *left down:* Rupert Steiner, *right up:* Guy Obijn, *right down:* Martin Eberle

pp2-3: from left to right: Martin Eberle, Martin Santander, Guy Obijn, Ian Bradshaw, Martin Eberle, Guy Obijn, Guy Obijn, Tim Soar; *p4:* Matthew Weinreb; *pp6-7: from left to right:* Clemens Lutz, Ian Bradshaw, Guy Obijn, Martin Santander, Giulio Oriani, Rafael Vargas, Guy Obijn, Guy Obijn; *p8:* Jo Jetten; *p10: up:* Guy Goethals, *down:* Martin Santander; *p12:* Guy Obijn; *p13: up:* Guy Obijn, *middle:* Guy Obijn, *down:* Ian Bradshaw; *p14: up:* Martin Eberle, *down:* Martin Eberle; *p15:* Martin Eberle;

pp16-23: Jungle in the Bronx: Ian Bradshaw; *pp24-29: Welcome aboard!:* Tim Soar; *pp30-35: Pure white:* Guy Obijn; *pp36-39: A space for every hour of the day:* Guy Obijn; *pp40-43: A scene that sticks in your mind:* Ian Bradshaw; *pp44-49: South by East:* Martin Santander; *pp50-55: Nothing but contrast:* Ian Bradshaw; *pp56-61: Hole in one:* Martin Eberle; *pp62-69: Duplex garden:* Rupert Steiner; *pp70-77: Loftgarden:* Guy Goethals; *pp78-79: A bay in the garden:* Giulio Oriani; *pp80-83: Bonsai for the contemporary look:* Guy Obijn; *pp84-89: Organic relic:* Rafael Vargas; *pp90-93: The outdoor feeling:* Bernd Hartung; *pp94-99: Functionalism and minimalism:* Clemens Lutz; *pp100-103: Shade and subdued light:* Aléjandro Bahamon; *pp104-109: View with garden:* Martin Eberle; *pp110-115: Coolness and a mediterranean atmosphere:* Guy Obijn; *pp116-121: The phantom of the opera:* Guy Obijn; *pp122-131: Green school:* Martin Eberle; *pp132-137: Contrast and uniformity:* Guy Obijn; *pp138-141: Inverted garden:* Guy Obijn; *pp142-145: Nature on the roof:* Martin Eberle; *pp146-149: Open and closed spaces:* Guy Obijn; *pp150-155: The little house on the prairie:* Guy Obijn;

p156: from left to right: Guy Goethals, Guy Obijn, Martin Eberle, Guy Obijn, Ian Bradshaw, Guy Obijn, Guy Obijn, Rupert Steiner; *p158:* Guy Obijn; *p159:* Clemens Lutz; *p160:* Guy Obijn; *p161:* Rupert Steiner; *p162:* Guy Obijn; *p163:* Guy Obijn; *p164:* Ian Bradshaw; *p165:* Guy Obijn; *p166:* Aléjandro Bahamon; *p167:* Martin Eberle; *p168:* Tim Soar; *p169:* Guy Obijn; *p170:* Ian Bradshaw; *p171:* Guy Goethals; *p172:* Guy Obijn; *p173:* Guy Obijn; *pp174-175:* Martin Eberle